31 Mai 1887

VENTE DES MARDI 31 MAI ET MERCREDI 1er JUIN 1887

HOTEL DROUOT, SALLE N° **5**

CURIOSITÉS

FAIENCES ANCIENNES, ORFÈVRERIE

OBJETS DE VITRINE, ÉMAUX

OBJETS D'ORIENT, IVOIRES, JADES

COLLECTION D'OBJETS ANCIENS DE TRAVAIL RUSSE

ARMES, FERS, ÉTAINS

MEUBLES — TAPISSERIES

TABLEAUX ANCIENS ET MODERNES

EXPOSITION

Le Lundi 30 Mai 1887, de 1 heure à 5 heures.

<table>
<tr><td>Me Maurice DELESTRE</td><td>M. B. LASQUIN</td></tr>
<tr><td>COMMISSAIRE-PRISEUR</td><td>EXPERT</td></tr>
<tr><td>27, rue Drouot, 27.</td><td>12, rue Laffitte, 12</td></tr>
</table>

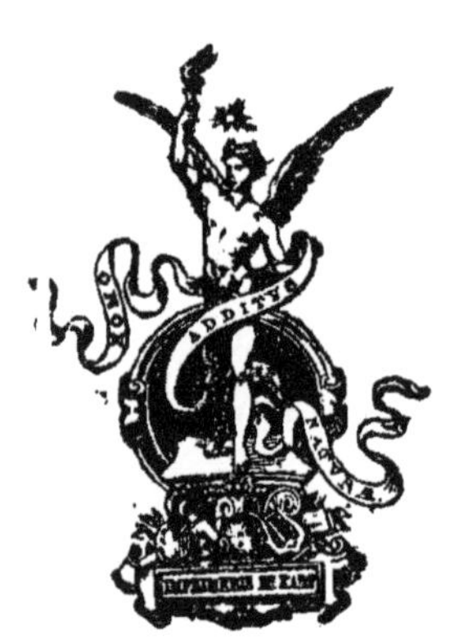

CATALOGUE

DE

CURIOSITÉS

Faïences françaises, hollandaises et italiennes
Grès, Verrerie
Porcelaines de Chantilly, de Tournay, de Saxe et de Chine

ORFÈVRERIE

Objets de vitrine, Émaux
Bois sculptés des XVIe, XVIIe et XVIIIe siècles
Objets de l'Orient, Jades, Ivoires, Armes, Fers, Étains
Meubles et Tapisseries

TABLEAUX ANCIENS ET MODERNES

DONT LA VENTE AURA LIEU

HOTEL DROUOT, SALLE N° 5

Les Mardi 31 Mai et Mercredi 1ᵉʳ Juin 1887

à deux heures

Mᵉ Maurice DELESTRE | **M. B. LASQUIN**
COMMISSAIRE-PRISEUR | EXPERT
27, rue Drouot, 27 | 12, rue Laffitte, 12

Chez lesquels se trouve le présent catalogue.

EXPOSITION PUBLIQUE

Le Lundi 30 Mai 1887, de 1 heure à 5 heures

CONDITIONS DE LA VENTE

Elle sera faite au comptant.

Les adjudicataires payeront *cinq pour cent* en sus des enchères.

L'exposition mettant le public à même de se rendre compte de l'état des objets, aucune réclamation ne sera admise une fois l'adjudication prononcée.

Paris. — Imp. de l'Art. E. Ménard et J Augry.
41, rue de la Victoire, 41

DÉSIGNATION DES OBJETS

FAIENCES ANCIENNES

1 — Plat octogone en ancienne faïence de
Rouen, décor bleu, représentant une vue de
ville animée de personnages, dans un encadrement à motifs rocailles et figures de singes
jouant de la flûte.

2 — Belle coupe à piédouche en vieux Rouen,
décorée en bleu d'une rosace au centre et
d'un large lambrequin.

3 — Grand vase en faïence de Rouen, de forme
octogone, décoré de lambrequins en bleu.

4 — Soupière en faïence de Rouen, décor bleu
à lambrequin.

5 — Plat ovale en vieux Rouen, décor bleu à
lambrequins.

6 — Bannette à deux anses, en ancienne faïence de Rouen, décor à la corne.

7 — Plat à barbe en ancienne faïence de Rouen, décor bleu à lambrequin.

8 — Présentoir sur trépied en vieux Rouen, décor bleu à lambrequin.

9 — Compotier en vieux Rouen, à décor polychrome.

10 — Assiette en faïence de Rouen, riche décor polychrome à lambrequins.

11 — Assiette en faïence de Rouen, de Vavasseur, décor polychrome d'oiseaux.

12 — Deux lions en ancienne faïence de Rouen, à décor bleu et jaune.

13 — Deux assiettes en vieux Rouen, décor polychrome à la rose.

14 — Couvercle en Rouen, décor polychrome de fleurs et d'insectes.

15 — Assiette en faïence de Rouen, décor polychrome à la pagode.

16 — Assiette en faïence de Rouen, décor polychrome à la grappe.

17 — Assiette en faïence de Rouen, décor polychrome à la tulipe.

18 — Pichet en vieux Rouen, décor polychrome à figure, dans un encadrement rocaille.

19 — Assiette en faïence de Sinceny, décor polychrome à la grappe.

20 — Deux assiettes en faïence de Sinceny, décor polychrome de fleurs et d'insectes.

21 — Plateau trilobé, contenant trois citrons, en faïence décorée au naturel.

22 — Grand plat en ancienne faïence de Moustiers, décor bleu dans le goût de Bérain.

23 — Plaque rectangulaire en faïence de Moustiers, décorée en bleu d'un sujet représentant une scène de duel ; la bordure est festonnée de grappes de raisin et de feuillage. Date au revers : 1681.

24 — Assiette en faïence de Lille, décorée, au centre, d'une large rosace en bleu.

25 — Beau porte-montre en faïence du Midi,
surmonté de trois amours et orné de fleurs
polychromes en relief.

26 — Deux assiettes en faïence de Marseille,
décorées en camaïeu bleu de personnages et
de coquilles.

27 — Deux assiettes anciennes de Marseille,
décor polychrome à figures de Chinois et
d'oiseaux au marli.

28 — Deux petits plats en Delft, à décor rayon-
nant.

29 — Deux plats ronds en ancienne faïence de
Delft, à décor paysages en camaïeu bleu.

30 — Deux assiettes en faïence de Delft, décorées au centre d'un sujet religieux en camaïeu
bleu, dans une bordure à décor polychrome.

31 — Belle plaque ovale en faïence de Delft,
décorée au centre d'une fontaine monumen-
tale, de sujets galants dans le goût de Lan-
cret et de trois paysages dans des réserves à
ornements et de fleurs en camaïeu bleu.

32 — Compotier carré en Delft polychrome, à

dessin représentant une femme assise dans un paysage ; marli décoré d'un semis de fleurs.

33 — Assiette en faïence de Delft, décor polychrome à oiseaux.

34 — Assiette en faïence de Delft, décor polychrome représentant un cœur.

35 — Beau porte-montre en faïence de Delft doré, décoré de fleurs et de rocailles polychromes.

36 — Beau compotier en faïence de Delft polychrome, décoré au centre d'un paysage avec figures et fleurs au marli.

37 — Trois assiettes en ancienne faïence de Delft, décor polychrome à corbeille et papillon.

38 — Plaque en faïence de Delft, bordure rocaille polychrome, décorée au centre d'un bouquet de fleurs en camaïeu bleu.

39 — Plaque rocaille en faïence de Delft, décor polychrome à tulipe.

40 — Petit plat en faïence de Delft, à décor polychrome sur fond vert.

41 — Deux assiettes en faïence de Delft, décor
polychrome à vase et fleurs sur fond marron.

42 — Assiette en ancienne faïence de Castelli,
décorée d'un sujet mythologique.

43 — Petit plat en faïence de Deruta, décor à
reflets métalliques.

44 — Plat en ancienne faïence de Rhodes, décoré
d'une rosace au centre.

45 — Petit vase forme gourde, en ancienne
faïence de Perse, à décor de figures et de
fleurs en couleurs.

46 — Aiguière en ancienne faïence, à décor en
relief avec rehauts de bleu.

47 — Quatre assiettes en faïence de Castelli et
un bougeoir en faïence de Nove.

48 — Deux grands plats en faïence du Midi, bordure lambrequin.

49 — Petit plat ovale en vieux Rouen, décor
polychrome à la corne.

GRÈS ET TERRES ÉMAILLÉES

5o — Trois grandes chopes en grès de Flandre, décorées de médaillons et d'ornements variés.

51 — Trois petits cruchons en grès de Flandre émaillé en bleu.

52 — Petite chope et cruchon en grès uni.

53 — Cruchon en terre brune d'Avignon.

54 — Tonnelet en même faïence.

55 — Cruche en grès blanc, à panse ornée de médaillons à personnages.

56 — Gourde à panse aplatie, en terre du Pré-d'Auge, décorée d'un sujet sur chaque face, représentant Jésus et la Samaritaine.

57 — Vase en terre du Pré-d'Auge, en forme de pomme de pin.

PORCELAINES ANCIENNES

58 — Assiette en porcelaine tendre de Chantilly, à bord gaufré, décor polychrome à jetées de fleurs.

59 — Assiette en porcelaine de Tournay, décorée de bouquets de fleurs.

60 — Deux assiettes en vieux Sèvres, bordure bleu turquoise, avec fleurs en réserve dans des médaillons rehaussés d'or.

61 — Plat en ancienne porcelaine de Saxe, décor polychrome de fleurs et d'insectes.

62 — Grand plat en vieux Saxe, décor polychrome de fleurs sur imbrication violettes.

63 — Grand plat en vieux Saxe, décoré de fleurs.

64 — Deux assiettes en ancienne porcelaine de Saxe, décorées de fleurs et de coquilles au marli.

65 — Quatre assiettes en ancienne porcelaine de Saxe à décors variés.

66 — Deux assiettes en ancienne porcelaine de
Vienne, décorées de bouquets de fleurs.

67 — Plat en ancienne porcelaine de Chine de
la famille verte.

68 — Deux assiettes en vieux Chine, décor au
coq et décor bleu.

69 — Grand plat en porcelaine de Chine, décor
coréen polychrome.

70 — Grand plat en porcelaine de l'Inde, décoré
de fleurs au centre.

71 — Fontaine en porcelaine de Chine, garnie
d'étain.

72 — Sept assiettes en ancienne porcelaine de
Saxe à bord contourné à nervures et décorées
de fleurs.

73 — Trois autres assiettes en vieux Saxe à bordure vannée et décor de fleurs.

74 — Deux assiettes en vieux Saxe, l'une à décor
d'oiseaux et l'autre à sujet de paysage, bordure rose et rehauts d'or.

75 à 78 — Douze pièces de cabarets en vieux
Saxe, à décors variés de paysages avec figures,
sujets de chasse, oiseaux et fleurs; trois pots
à lait, une théière, une cafetière, un sucrier,
un bol, quatre tasses avec soucoupes dont
trois décorées en camaïeu rose, un pot à
crème. (Ce lot sera divisé.)

79-80 — Six pièces en ancienne porcelaine de
Vienne, à deux tasses avec présentoirs, plateau à deux anses, pot à crème, petite coupe
à décors de fleurs. (Ce lot sera divisé.)

81 — Trois tasses mignonnettes avec couvercles
et soucoupes, en porcelaine moderne de Saxe,
et un pot à crème en porcelaine de Berlin.

82 — Douze manches de couverts, en porcelaine
de Saxe.

83 — Corbeille ajourée, en porcelaine allemande,
et trois assiettes en Saxe moderne à fond gros
bleu.

84 — Figurines d'amour et d'enfant vendangeur,
en vieux Saxe.

85 — Vingt-deux assiettes de divers décors en
couleurs en ancienne porcelaine de Chine.

86 à 88 — Dix-sept tasses et leurs soucoupes en
ancienne porcelaine de Chine et du Japon,
de décors et de dimensions variées.

89 — Deux plateaux oblongs en ancienne porcelaine de Chine, décor émaillé.

90 — Pot sphérique à gingembre en vieux Japon,
décor bleu, fleurettes et caractères.

91 — Deux autres pots à gingembre, en porce-
celaine de Chine, l'un émaillé à fleurs et
feuillages.

92 — Trois pièces : grande cafetière et deux
petites en vieux Chine, à décor de lambrequins et d'attributs, avec figures dans des
médaillons émaillés en couleurs.

93 — Théière forme lenticulaire, en vieux Chine
à sujets de figures émaillées.

94 — Deux petites cafetières, en vieux Chine,
l'une à fleurettes en relief.

95-96 — Huit pièces : figurines, chimères en
vieux Chine.

VERRERIE

97 — Grand verre gravé à armoiries, verre à couvercle et une théière.

98 — Vingt-quatre verres de Venise.

ORFÈVRERIE, OBJETS DE VITRINE

99 — Belle croix processionnelle du xvie siècle, en argent, composée de médaillons de personnages appliqués sur un fond de velours rouge. Haut., 65 cent.

100 — Plaque rectangulaire en émail de Limoges du xvie siècle : la Résurrection de Lazare.

101 — Petit pulvérin du xvie siècle, formé de deux coquillages réunis dans une monture en argent gravé et doré, munie de deux petites anses ; le fermoir du bec est formé d'un lézard et le culot est orné d'un mufle de lion tenant un anneau.

102 — Petite cassolette sphérique du xvie siècle,

en argent finement gravé à trois médaillons
de figures mythologiques, elle s'ouvre en six
quartiers pour divers parfums dont les noms
sont gravés en allemand.

103 — Ceinture du temps de Louis XIII, composée de cinq plaquettes en argent ciselé à
têtes de chérubins alternant avec des triples
maillons ; l'attache est ornée d'une figure se
détachant sur un fond d'ornements ajourés.

104 — Livre d'heures russe, avec couverture en
vermeil repoussé représentant le Christ et les
Évangélistes, avec la date de 1743.

105 — Trois petites coupes en argent repoussé,
à ornements et oiseaux ; l'une est ornée d'une
monnaie allemande.

106 — Quatre cuillers russes du xviie siècle, en
argent ciselé et ornées de figurines de saints
personnages, avec inscriptions gravées.

107 — Deux chaînes plates en fil d'argent soudé,
de travail russe.

108 à 120 — Vingt-deux petites coupes ou gobelets à une anse, en argent repoussé, de travail

russe et allemand des XVIIe et XVIIIe siècles; le fond de l'une d'elles est formé d'une pièce en argent, en commémoration du couronnement de l'impératrice Élisabeth (1742).

121 — Boucle de ceinture avec cinq pendentifs à chaînons en filigrane d'argent doré orné de pierres de couleurs : améthystes, turquoises et autres. Travail russe du XVIIe siècle.

122 — Six pièces : petit pot à crème, coquetier, deux passe-thé, petite boîte ronde repoussée et une petite boîte niellée, le tout en argent et vermeil, de travail russe.

123 — Deux paires de boucles d'oreilles en filigrane d'argent.

124 — Douze pièces : étui orné de grenats et de perles, deux boucles d'oreilles garnies d'améthystes, flacon-figurine en argent et trois fragments, bijoux divers, fourchettes, etc.

125 — Corbeille ovale à anse mobile et à quatre pieds en filigrane d'argent, et ornée de bustes ailés.

126 à 129 — Huit gobelets anciens en argent

repoussé, à feuillages et ornements, de travail
russe et allemand.

130 — Trois petites salières à trois pieds, en
argent repoussé. XVIIe siècle.

131 — Montre Louis XIV, à répétition, à double
boîtier en argent finement repercé à jour,
gravé et doré.

132 — Deux montres anciennes et un boîtier en
argent.

133 — Trois médailles en argent. Allemagne.
XVIIe siècle.

134 — Douze médailles ou plaquettes en bronze
anciennes et modernes.

135 — Boîte oblongue en ancien émail de Saxe,
décorée, sur le couvercle, d'un sujet pastoral
dans le goût de Watteau et de quatre petits
médaillons à figures sur les côtés et le fond.

136 — Boîte oblongue en ancien émail de Saxe,
décoré de quatre sujets figurant les Saisons.

137 — Deux boîtes ovales en ancien émail de
Saxe, l'une avec monture en argent doré.

138 — Deux pièces en ancien émail de Saxe :
boîte à deux tabacs et un drageoir formé
d'une tête de chien.

139 — Trois pièces en ancien émail de Saxe :
petite boîte décorée de fleurs, couvercle de
tabatière orné d'un portrait de femme et une
salière.

140 — JADE BLANC. Petit écran représentant un
dragon à cinq griffes dans les flammes, avec
monture en bois finement découpé.

141 — JADE BLANC. Deux petits magots. — CRIS-
TAL DE ROCHE. Petit vase en forme de fleur,
petit buste et petit magot.

142 — Étui en os gravé, à sujets religieux.

143 — IVOIRE. Grande figure de personnage de-
bout tenant un écran.

144 — IVOIRE. Deux figurines de divinités mon-
tées sur des grues sacrées.

145 — IVOIRE. Quatre netzkés.

146 — BOIS. Petite jonque en bambou finement

sculpté à jour, à nombreuses figures et branches de feuillages.

147 — Bois. Groupe en bambou sculpté : pagode dans un rocher.

148 — Pierre de lard. Groupe : Femme assise sur une chimère.

149 — Pierre de lard. Cinq figurines de lettrés chinois.

150 — Pierre de lard. Figurine de poussah, deux couvercles sculptés à jour et un petit magot.

151 à 155 — Vingt-deux pièces en émail de Chine, de décors variés : théières, cafetières, coupes, tasses, plateaux et plaques.

156 — Deux petites pièces : flacon à tabac et boîte en forme de pêche en émail de Chine et de Saxe.

157 — Petit émail rectangulaire sur or : Héros couronné par un génie.

158 — Deux châtelaines Louis XV, en cuivre doré, l'une ornée de pierres.

159 — Couteau et fourchette avec manches en ancienne porcelaine de Chantilly, à décor en couleurs de style chinois, viroles en argent.

160 — Couteau, fourchette et cuiller Louis XIV, en écaille et argent gravé, dans un étui en cuir gaufré.

161 — Douze couteaux, douze fourchettes, douze cuillers plus une grande fourchette et un grand couteau à manches en nacre gravée et moulures en cuivre doré, dans une gaine.

162 — Coupe ronde en écaille laquée d'or, représentant un paysage et une petite boîte ronde en laque rouge de Pékin.

163 — Deux pièces : petit carnet Louis XVI, et petite boîte Louis XV, en nacre gravée, avec montures en argent.

164 — Quatre pièces : petite boîte ronde Louis XV, en écaille posée d'argent, carnet en ivoire, boîte et couvercle en vernis de Brunswick.

165 — Deux boîtes rondes Louis XVI, l'une en écaille aventurinée avec miniature sur nacre, l'autre en vernis rose.

166 — Miniature ronde sur ivoire du temps de Louis XVI, réunion de quatre figures.

167 — Boîte ronde Louis XVI, en ivoire, avec miniature : Portrait de jeune femme.

168 — Éventail Louis XVI, à monture d'ivoire, avec feuille peinte à la gouache sur soie ; sujet pastoral dans le goût de Boucher.

169 — Quatre autres éventails anciens, dont deux en ivoire peint au vernis Martin.

170 — Trois pièces : chibouque en ambre, avec monture en argent doré, garnie de pierres, un collier et un porte-cigares en ambre.

171 — Coffret à fiches, en ivoire découpé, de travail russe.

172 — Petit coffret rectangulaire, en ivoire sculpté et découpé à jour, à figures et inscriptions russes.

173 — Jeu d'échecs en ivoire sculpté, à figures romaines.

174 — Petite horloge carrée du xvie siècle, en

cuivre gravé et doré, à figures, bustes et ornements , ornée de quatre pilastres aux
angles.

CURIOSITÉS DE TRAVAIL RUSSE

175 — Très curieuse collection, composée d'en-
viron quatre-vingt-dix pièces : objets religieux, polyptyques, plaquettes, croix, médaillons, etc., en cuivre, cuivre émaillé,
argent et bois sculpté, d'ancien travail russe
et gréco-russe. (Ce lot sera divisé.)

176 — Curieuse coupe ovale en argent, offrant
au centre le buste d'Alexis Michaïlowitsch,
père de Pierre le Grand, entouré de l'indi-
cation suivante en caractères russes : « Alexis
Michaïlowitsch, par la grâce de Dieu grand
Czar et grand Duc » ; deux sortes d'anses plates sont ornées des aigles russes et de deux
cabochons en turquoise. xviiᵉ siècle.

177 — Coupe ronde, à une anse plate, en argent
repoussé, gravé à ornements rocaille et doré ;
l'anse est ornée de quatre cabochons en
lapis.

ARMES, FERS ET ÉTAINS

178 — Pistolet circassien, à monture en argent niellé, avec canon et batterie damasquinés d'or.

179 — Kandjar à manche en morse, avec fourreau en argent.

180 — Pistolet à deux canons, à monture en bois incrusté et garniture en argent.

181 — Deux poignards circassiens.

182 — Deux ornements de mousquet, en fer découpé et repercé, représentant un sagittaire combattant un dragon. Travail du xvie siècle.

183 — Quatre clefs anciennes, en fer repercé et ajouré. Travail allemand.

184 — Deux clefs en fer du xvie siècle, ornementées de feuillages et de mascarons.

185 — Quatre clefs gothiques en fer, avec tête déccupée.

186 — Deux grandes clefs de chambellan, en bronze doré, dont une armoriée et l'autre avec chiffre surmonté d'une couronne.

187 — Deux clefs de chambellan, en bronze doré.

188 — Émail Louis XIII, représentant un sujet de sainteté.

189 — Boîte en cuivre repoussé. Époque Louis XIII.

190 — Trois plats ovales en étain.

191 — Plat rond et trois assiettes en étain, à contours Louis XV.

192 — Assiette à bord uni, avec armoirie.

193 — Plat rond Louis XIII, en étain à godrons, têtes d'anges et inscriptions.

194 — Miroir-applique à bordure de cuivre et à trois branches porte-lumières.

BOIS SCULPTÉS

195 — Deux panneaux sculptés en bas-relief, représentant la Mort de la Vierge. xvie siècle.

196 — Grand bas-relief du xve siècle, en bois sculpté et peint, représentant la Résurrection.

197 — Haut-relief du xvie siècle, en bois sculpté, représentant la Nativité.

198 — Statuette de saint Martin, en bois sculpté, peint et doré, du xvie siècle.

199 — Quatre figures d'évangélistes, en bois peint.

200 — Deux statuettes de saint Pierre et saint Paul. Chêne sculpté du xvie siècle.

MEUBLES ET OBJETS DIVERS

201 — Table contournée hollandaise en bois marqueté à fleurs.

202 — Table de milieu en bois de rose marqueté.

203 — Quatre petits lustres flamands en cuivre.

204 — Sept instruments de musique de l'Extrême-Orient.

205 — Grande vasque octogone en porcelaine de Chine décorée d'arabesques en bleu sur blanc, avec support en bois noir de style chinois.

206 — Écran chinois en bois découpé, avec feuille en broderie de soie.

7 — Étagère en bambou, avec trois tablettes de marbre.

208 — Devant de cabinet portugais garni d'ornements-appliques en bronze doré.

TAPISSERIES

209 — Tapisserie de Flandre représentant un triomphe.

210 — Tapisserie de Flandre à sujet de paysage et oiseaux, bordure de fleurs.

211 — Tapisserie d'Aubusson à paysage et arbustes avec bordure.

212 — Panneau de tapisserie à sujet de figures.

TABLEAUX

AQUARELLES, GRAVURES

---

213 — **Chardin** (Manière de). Nature morte et fruits.

214 — **Delacroix** (D'après). Soldat grec.

215 — **Decamps** (D'après). Le Chenil.

216 — **Decamps** (D'après). Sentinelle turque.

217 — **École moderne**. Raisins, pommes et poires. Peinture sous verre.

218 — **École moderne**. Mendiant italien. Peinture sous verre.

219 — **École italienne**. La Charité.

220 — **Fleury**. Marine. Aquarelle.

221 — **Géricault** (D'après). Hussard.

222 — **Guerchin**. Tête de jeune homme.

223 — **Girod** (1800). Jeune Garçon chassant un papillon.

224 — **Gonzalez** (**J. A.**). Le Baiser.

225 — **Hanoteau** (**H.** 1881). Paysage.

226 — **Jouy**. Atala et Chactas.

227 — **Le Breton**. Paysage de Cochinchine. Dessin à la plume.

228 — **Lagrenée** (Attribué à). Pastorale.

229 — **Le Bas (H.)**. Deux aquarelles; paysages.

230 — **Marilhat** (Attribué à). Vue de Damas.

231 — **Moullion**. Les Blés.

232 — **Pasini**. Bord de rivière.

233 — **Pasini**. Paysage.

234 — **Peters**. Marine.

235 — **Raffet** (Attribué à). Grenadier à Waterloo.

236 — **Rosa** (École de **Salvator**). Paysan italien.

237 — **Roqueplan**. Aqueduc. Peinture sous verre.

238 — **Ramatho**. Musicienne.

239 — **Rubens** (École de). Le Couronnement d'épines.

240 — **Ruysdael** (Attribué à **Salomon**). Paysage avec rivière. Cadre en bois sculpté.

241 — **Skredsviq** (**Christian**). Pâturage.

242 — **Schoutteten** (**Louis**). Fruits.

243 — **Troyon** (D'après). Vaches à l'abreuvoir.

244 — **Teniers** (D'après). Intérieur de cabaret.

245 — **Wyck** (**Thomas**). Paysans devant une auberge.

246 — Gravure en couleurs. La Fontaine des Innocents, par Carré.

247 — Gravures gouaches. Vignettes cadres.

248 — Photographies d'après P. Baudry.